# La guerra de 1812

**Jill K. Mulhall, M. Ed.**

# Índice

# La lucha por el respeto

El **Tratado** de París puso fin a la guerra de la Independencia en 1783. Estados Unidos había ganado la libertad de Gran Bretaña. Pero aún no se había ganado el respeto del mundo. Otros países se aprovechaban de la nueva nación. En menos de 30 años, Estados Unidos volvió a estar en guerra con Gran Bretaña. Las personas la llamaron la segunda guerra por la **independencia**.

▼ **La primera y la última página del Tratado de París.**

▲ La nueva ciudad capital tenía una casa grande para el presidente.

El presidente Thomas Jefferson quería detener los problemas en el mar. En 1807, le pidió al Congreso que promulgara un **embargo**. Esto hizo que fuera ilegal que los barcos estadounidenses llevaran mercancías a cualquier otro país. El plan era hacer que las personas en Gran Bretaña y Francia extrañaran los productos estadounidenses. Pero los europeos se abastecieron de mercancías en otra parte. Fue solamente el comercio estadounidense el que sufrió.

# Problemas de una nueva nación

El comienzo del siglo XIX fue una época de orgullo para los estadounidenses. Habían derrotado a la poderosa Gran Bretaña para ganar su independencia. El gobierno era una **democracia** única. Estaban construyendo una nueva ciudad capital en Washington D. C.

Al principio, el mundo no esperaba mucho del nuevo país. Los estadounidenses trabajaron arduamente para cambiar eso. Enviaron **embajadores** a otros países. Estos hombres le contaron al mundo sobre los cultivos y los bienes que los estadounidenses tenían para comerciar.

Pronto, los estadounidenses estaban comerciando con países de Europa, Asia, África y América del Sur. Para ello, construyeron muchos barcos nuevos. Para 1800, Estados Unidos tenía incluso más barcos en el mar que Gran Bretaña, la "Dueña de los Mares".

A Gran Bretaña y Francia esto no les gustó. Querían controlar la navegación. Los barcos británicos y franceses comenzaron a detener los barcos estadounidenses en mares abiertos. A veces, tomaban bienes. Otras veces, se **apoderaban** de todo un barco y lo hundían. Esto enfadó mucho a los estadounidenses.

## Delitos en el mar

Gran Bretaña tomaba algo más que bienes de los barcos estadounidenses. También apresaban hombres estadounidenses. La Marina británica tenía pocos hombres. Muchos marineros habían **desertado** de su unidad. Los británicos comenzaron a detener los barcos para buscar a estos hombres. Pero muchas veces los hombres que capturaban eran realmente de Estados Unidos. Estos hombres eran entonces **reclutados por la fuerza** o forzados a unirse a la Marina británica.

▼ Marineros forzados a unirse a la Marina británica.

# Problemas en el Oeste

Gran Bretaña le generó otros problemas a Estados Unidos. La guerra de la Independencia había sacado a los británicos de las colonias. Pero aún conservaban tierras justo al norte de Estados Unidos, en Canadá. También tenían varios fuertes militares allí.

El Valle del Río Ohio era un extenso **territorio** entre Estados Unidos y Canadá. Después de la guerra de la Independencia, los colonos estadounidenses comenzaron a establecerse en esta área. El problema era que allí ya vivían muchos indígenas norteamericanos. Tenían tratados en los que se les había prometido esas tierras. Los británicos les habían dicho que siempre podrían vivir allí.

## Líder shawnee

Los indígenas encontraron un gran líder en un hombre llamado Tecumseh. Era un indígena shawnee del oeste de Ohio. Tecumseh era un guerrero feroz. Lideró muchos grupos de guerreros contra los colonos blancos. Tecumseh también daba enérgicos discursos sobre derechos indígenas. Organizó a los indígenas. Decía que si trabajaban juntos podrían liberarse de los colonos.

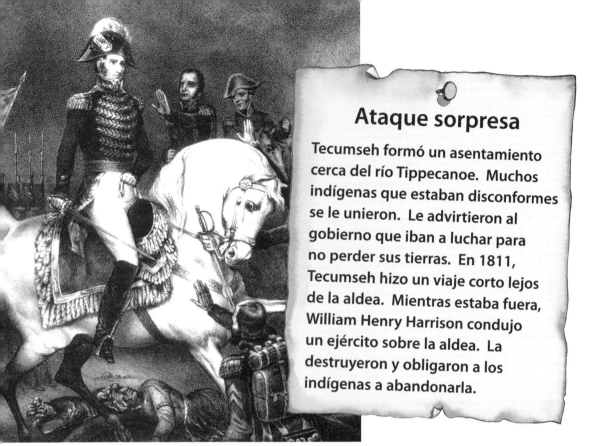

## Ataque sorpresa

Tecumseh formó un asentamiento cerca del río Tippecanoe. Muchos indígenas que estaban disconformes se le unieron. Le advirtieron al gobierno que iban a luchar para no perder sus tierras. En 1811, Tecumseh hizo un viaje corto lejos de la aldea. Mientras estaba fuera, William Henry Harrison condujo un ejército sobre la aldea. La destruyeron y obligaron a los indígenas a abandonarla.

▲ William Henry Harrison en batalla

El gobierno de Estados Unidos no escuchó las quejas de los indígenas. Frustrados, los indígenas recurrieron a sus viejos amigos en Canadá. Los británicos los ayudaron con gusto. Les dieron armas y municiones a los indígenas. Los británicos alentaron a los indígenas para que atacaran a los colonos estadounidenses.

Los británicos tenían la esperanza de que finalmente pudieran obtener una parte de este territorio para Canadá. También querían proteger el comercio de pieles. La frontera se convirtió en un lugar muy peligroso. Los colonos estadounidenses suplicaron a su gobierno que los protegiera.

# Llamado a la guerra

Con el transcurrir de los años, los estadounidenses estaban cada vez más enfadados.  Estaban orgullosos de su joven país.  Pero sentían que Gran Bretaña no les estaba mostrando ningún respeto.

Los hombres de negocios estaban molestos por el dinero que perdían cuando se detenían los barcos en el mar.  A las

▼ Estos marineros estadounidenses son reclutados por la fuerza después de la batalla entre la fragata *Leopard* y el *Chesapeake*.

## Un nuevo motivo para luchar

En 1807, la fragata británica *Leopard* había salido en busca de desertores.  Encontraron el barco estadounidense *Chesapeake* frente a la costa de Virginia.  El capitán británico exigió revisar el barco estadounidense.  El capitán estadounidense se rehusó.  La fragata *Leopard* abrió fuego. Tres marineros estadounidenses murieron.  Otros fueron reclutados por la fuerza por los británicos. Para muchos estadounidenses, esta fue la gota que derramó el vaso.

familias de los marineros les preocupaba que sus hijos y esposos fueran reclutados por la fuerza. Comenzaron a pedir que se declarara la guerra a Gran Bretaña. Su **lema** era "Libre comercio y derechos de los marineros".

Hacia el Oeste, los colonos temían los ataques de los indígenas o del ejército británico. Querían atacar hacia el norte. "¡Contra Canadá!", gritaban.

Sin embargo, no todos querían combatir. Muchas personas en Nueva Inglaterra y Nueva York tenían trabajos relacionados con los embarques. No les gustaba la idea de una guerra. Sabían que interrumpiría los negocios.

James Madison se convirtió en el cuarto presidente de Estados Unidos en 1809. Esperaba poder evitar la guerra. Pensaba que la Marina estadounidense tenía muy pocos barcos. El ejército era pequeño y carecía de entrenamiento. No creía que Estados Unidos pudiera ganar una guerra contra Gran Bretaña.

El Presidente James Madison

## Un viejo amigo

Gran Bretaña no era el único país que se apoderaba de los barcos estadounidenses. Francia también lo hacía. Ambos países eran responsables de dañar el comercio de Estados Unidos. Pero los británicos cargaban con la mayor parte de la culpa. Las personas recordaban cómo Francia había ayudado a Estados Unidos en la guerra de la Independencia. Querían dar a los franceses el beneficio de la duda.

# Halcones de Guerra en Washington

Los estadounidenses estaban divididos sobre si debían o no declarar la guerra. Necesitaban un empujón hacia una dirección u otra. Ese empujón les llegó de un grupo de hombres que se conocían como "Halcones de Guerra".

Los Halcones de Guerra eran **políticos** provenientes del Oeste y el Sur. Muchos de ellos fueron elegidos para formar parte del Congreso al mismo tiempo. Llegaron a Washington en 1811. Eran hombres jóvenes y hablaban con franqueza. Argumentaban apasionadamente a favor de la guerra.

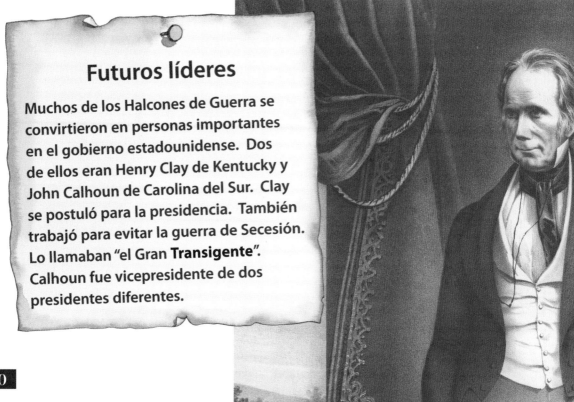

### Futuros líderes

Muchos de los Halcones de Guerra se convirtieron en personas importantes en el gobierno estadounidense. Dos de ellos eran Henry Clay de Kentucky y John Calhoun de Carolina del Sur. Clay se postuló para la presidencia. También trabajó para evitar la guerra de Secesión. Lo llamaban "el Gran **Transigente**". Calhoun fue vicepresidente de dos presidentes diferentes.

Estos hombres estaban ansiosos por enfrentar a Gran Bretaña. Decían que era cuestión de orgullo nacional. Pensaban que Gran Bretaña trataba mal a los estadounidenses. Si los estadounidenses no se defendían, podrían perder el respeto del mundo.

Los Halcones de Guerra argumentaban a favor de la guerra en el Congreso. Al mismo tiempo, el Congreso fortaleció la Marina y el Ejército.

El 18 de junio de 1812, el Congreso declaró la guerra a Gran Bretaña. Para entonces, el presidente Madison estaba de acuerdo con la decisión de ir a la guerra. Dijo: "La paz como la tenemos ahora es vergonzosa y la guerra, **honorable**".

John Calhoun

## Planes secretos

Los Halcones de Guerra usaban el **nacionalismo** como motivo para luchar. Pero también tenían otros motivos. Querían tierras nuevas para Estados Unidos. Los hombres del Oeste tenían la esperanza de invadir Canadá. Los hombres del Sur querían tomar Florida y Texas. Usaron los problemas con Gran Bretaña como una excusa para ir tras estas tierras.

◀ Henry Clay, "el Gran Compromisario"

# ¡Contra Canadá!

Los Halcones de Guerra afirmaban que Estados Unidos ganaría la guerra en 30 días. Eso era absurdo. El Ejército de Estados Unidos era pequeño y no estaba entrenado. La Marina tenía buenos barcos. Pero contaba con tan solo 20. Estados Unidos tenía una cosa a su favor. Gran Bretaña ya estaba en guerra con Francia. Sus mejores soldados estaban ocupados.

Los líderes militares estadounidenses decidieron atacar Canadá. Querían deshacerse del ejército británico allí. Entonces, pensaron que el pueblo de Canadá vendría y ayudaría a Estados Unidos.

## Una luz de esperanza

Al ejército no le fue muy bien en 1812. Pero, con la marina, sucedió algo diferente. Tuvo varias victorias en el mar. El barco estadounidense *Constitution* derrotó dos barcos británicos, *Guerriere* y *Java*. Durante una batalla, un marinero estadounidense a bordo del *Constitution* observó cómo una bala de cañón rebotó en el flanco de su barco. Apodó al barco con el nombre de "Old Ironsides" (Viejos Flancos de Hierro). Ese nombre pasó a la historia.

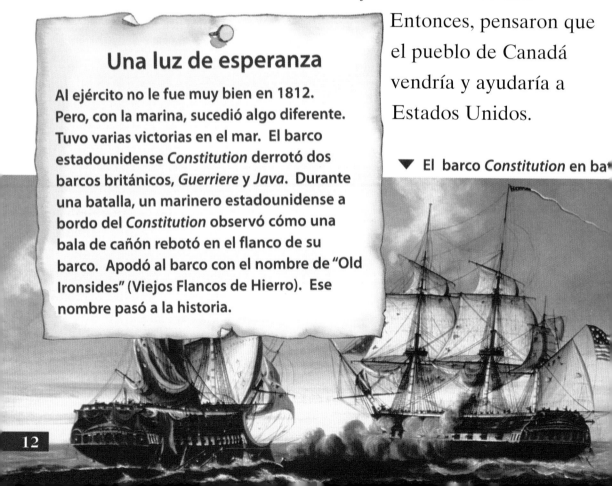

▼ El barco *Constitution* en ba⋯

▲ William Hull tardó demasiado en tomar decisiones militares importantes.

## Atrapados en el puerto

La marina británica tenía una forma segura de mantener su ventaja en el mar. Establecieron un bloqueo gigante de la Costa Este. Ningún barco podía entrar ni salir de los puertos estadounidenses. Los granjeros y los mercaderes no podían llevar sus productos al mercado. La Marina de Estados Unidos no podía salir en busca de ninguna batalla. Gran Bretaña les recordó a los estadounidenses quién controlaba los mares realmente.

Dos ataques en Canadá desde Nueva York terminaron rápidamente. Otro intento comenzó desde Detroit, Michigan. Falló debido al general a cargo, William Hull. Era demasiado cuidadoso y lento. ¡No pudo capturar un fuerte británico y tuvo que **rendir** el fuerte estadounidense Detroit!

La gente no estaba conforme con la forma en que la guerra se estaba desarrollando. Culparon al presidente. Las personas deseaban no haberse involucrado en "la guerra del señor Madison". Pero aun así, el presidente fue **reelegido** ese otoño.

# Aquí vamos de nuevo

En 1813, los estadounidenses decidieron volver a atacar Canadá. Sus intentos no tuvieron éxito. Los generales a cargo habían perdido las esperanzas. Los planes de batalla estaban mal preparados. Las tropas estaban cortas de suministros.

En septiembre, las cosas finalmente cambiaron. El comodoro estadounidense Oliver Hazard Perry fue enviado a romper un bloqueo en el lago Erie. Su tripulación rápidamente construyó algunos barcos. Luego, Perry lideró la pequeña **flota** en la batalla del lago Erie. El barco de Perry fue dañado. Saltó a un bote de remos y se trasladó a otro barco. Su valentía inspiró a los estadounidenses y triunfaron.

▼ Los barcos *Chesapeake* y *Shannon* en el mar

## Palabras de inspiración

Hubo pocas grandes batallas navales en 1813. Los barcos de guerra estadounidenses estaban atrapados en los puertos a causa del bloqueo. Pero hubo una gran batalla en junio. El barco británico *Shannon* capturó al barco estadounidense *Chesapeake* fuera del puerto de Boston. El capitán estadounidense, James Lawrence, fue herido durante la batalla. Sus últimas palabras fueron "¡No abandonen el barco!". Estas se convirtieron en un grito de guerra para los estadounidenses.

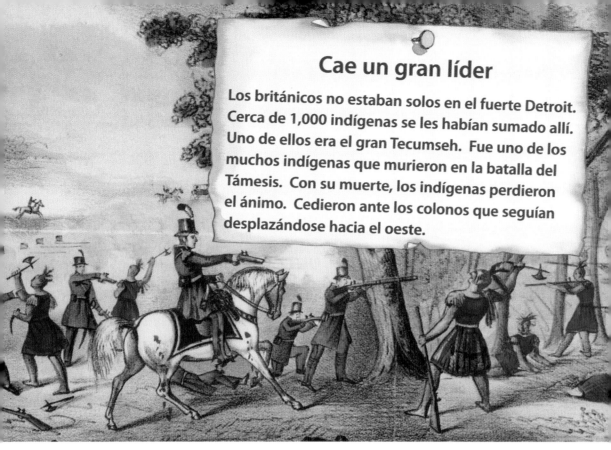

## Cae un gran líder

Los británicos no estaban solos en el fuerte Detroit. Cerca de 1,000 indígenas se les habían sumado allí. Uno de ellos era el gran Tecumseh. Fue uno de los muchos indígenas que murieron en la batalla del Támesis. Con su muerte, los indígenas perdieron el ánimo. Cedieron ante los colonos que seguían desplazándose hacia el oeste.

▲ La batalla del Támesis en la que murió Tecumseh

Más tarde, el comodoro Perry reportó la victoria. Sus famosas palabras fueron: "Hemos encontrado al enemigo, y son nuestros".

Los estadounidenses también querían recuperar el fuerte Detroit. William Henry Harrison envió un gran ejército allí. Los británicos entraron en pánico. Se fueron y huyeron hacia Canadá. Los estadounidenses los persiguieron. Los dos ejércitos se encontraron en la batalla del Támesis. Los estadounidenses ganaron fácilmente. Capturaron a cientos de soldados británicos.

La guerra comenzó su segundo invierno. La situación en Canadá estaba casi igual que cuando había comenzado la guerra.

# No más distracciones

Gran Bretaña y Francia dejaron de combatir entre sí en 1814. Entonces, los británicos pusieron toda su atención en Estados Unidos. Decidieron ir al ataque. Los británicos querían poner fin rápidamente a la guerra.

En agosto, los barcos británicos navegaron por los ríos Patuxent y Potomac. Su objetivo era Washington D. C. El gran ejército llegó a tierra firme. Marchó hacia la ciudad capital. La defensa estadounidense no estaba organizada. No pudo detener a los británicos. El presidente Madison y sus asistentes huyeron de la ciudad.

## Calma bajo fuego

Los británicos no asustaron a la primera dama cuando atacaron Washington. Dolley Madison permaneció en la Casa Blanca hasta el último minuto posible. Cuando por fin huyó, llevaba consigo muchos tesoros. Salvó una copia de la Declaración de Independencia. Empacó utensilios de plata y libros. Hasta se llevó un famoso retrato de George Washington que estaba colgado en la pared.

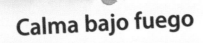

Dolley Madison

◀ La Casa Blanca
dañada por el fuego

Los británicos entraron a la capital el 24 de agosto. La ciudad estaba desierta. En la Casa Blanca, los soldados británicos encontraron la cena que había quedado servida en la mesa del comedor. La comieron. Luego, prendieron fuego a la casa.

Otros edificios públicos también fueron **incendiados**. Las tropas usaron hachas para demoler hasta los escritorios de la Cámara de Representantes y del Senado. Después, incendiaron el edificio del Capitolio. Afortunadamente, una tormenta en el momento oportuno evitó que el edificio se quemara hasta los cimientos.

Los británicos abandonaron Washington en llamas. Se dirigieron hacia un nuevo objetivo: Baltimore, Maryland. A diferencia de la capital, esta ciudad estaba preparada.

## Una mano de pintura fresca

¿Alguna vez te has preguntado de dónde proviene el nombre de la Casa Blanca? Al principio, la gente la llamaba el Palacio Presidencial o la Casa del Presidente. La casa era única porque estaba hecha de piedras blancas. La mayoría de los edificios en Washington estaban hechos de ladrillos. Por eso, algunas personas comenzaron a llamar a la mansión la "Casa Blanca". Después de 1814, la casa necesitaba muchas reparaciones. Las paredes quemadas se pintaron de blanco. Entonces, aún más gente comenzó a llamarla la Casa Blanca. El presidente Theodore Roosevelt lo convirtió en el nombre oficial de la casa en 1901.

▲ La ciudad capital bajo el ataque de los británicos

17

▲ Los barcos fueron importantes durante muchas batallas de la guerra de 1812. Esta pintura muestra una batalla clave en el lago Champlain cerca de Plattsburgh, Nueva York.

# Estados Unidos se pone rudo

Los estadounidenses hundieron decenas de barcos en la entrada al puerto de Baltimore. Los barcos bloquearon el puerto. Los barcos británicos grandes no pudieron navegar a través de los barcos hundidos para atacar el fuerte McHenry.

Los británicos decidieron abrir fuego contra el fuerte desde la distancia. Esperaban poder derribar los cañones del fuerte. De esa manera, los barcos británicos pequeños podrían abrirse paso lentamente hacia el puerto.

El ataque comenzó el 13 de septiembre de 1814. Los británicos golpearon el fuerte con 2,000 balas de cañón. Pero los estadounidenses no se rindieron. Los británicos tuvieron que retroceder.

La batalla fue una enorme victoria para Estados Unidos. También inspiró una famosa canción. Francis Scott Key era un abogado de Washington. Había ido a Baltimore para pedir a los británicos que liberaran a un médico que tenían prisionero. Los británicos aceptaron. Pero hicieron que los hombres se quedaran en su barco durante la noche. El ataque contra Baltimore estaba a punto de comenzar. Los británicos no querían que nadie advirtiera a los soldados del fuerte McHenry.

Key observó el ataque durante toda la noche. No sabía qué estaba pasando. Por la mañana, observó el puerto a través de la lluvia y el humo. Solo pudo distinguir la bandera de Estados Unidos flameando en lo alto. Emocionado, se sentó a escribir un poema llamado "The Star Spangled Banner".

## "Oh di, ¿puedes ver...?"

Poco después, se le puso música al poema de Key "The Star Spangled Banner". Se convirtió en una canción popular. Otras canciones patrióticas se hicieron igual de populares. Dos favoritas eran *Yankee Doodle* y *Hail Columbia*. No fue sino hasta 1916 que *The Star Spangled Banner* se convirtió en el himno nacional. En ese momento, el presidente Woodrow Wilson la declaró oficialmente como la canción de la nación.

◀ Francis Scott Key escribió este poema al día siguiente de haber observado el ataque británico en Baltimore.

# Los últimos días de la guerra

Tanto Gran Bretaña como Estados Unidos estaban cansados de la guerra. Enviaron hombres a una ciudad llamada Gante, en Bélgica, para las conversaciones de paz. La reunión no tuvo un buen comienzo. Los británicos tenían muchas demandas.

Pero después, los británicos se enteraron de las últimas victorias estadounidenses. Su enemigo se estaba volviendo cada vez más fuerte y más inteligente. Los británicos decidieron poner fin a la guerra.

Ambas partes firmaron el Tratado de Gante el 24 de diciembre de 1814. La guerra había terminado. Pero nadie al otro lado del océano en Estados Unidos lo sabía. La noticia tenía que viajar por barco. Eso tomó semanas.

▼ **Firma del Tratado de Gante**

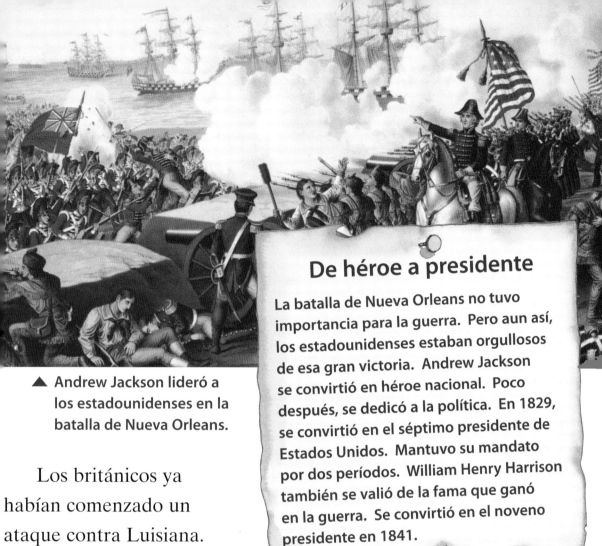

▲ Andrew Jackson lideró a los estadounidenses en la batalla de Nueva Orleans.

## De héroe a presidente

La batalla de Nueva Orleans no tuvo importancia para la guerra. Pero aun así, los estadounidenses estaban orgullosos de esa gran victoria. Andrew Jackson se convirtió en héroe nacional. Poco después, se dedicó a la política. En 1829, se convirtió en el séptimo presidente de Estados Unidos. Mantuvo su mandato por dos períodos. William Henry Harrison también se valió de la fama que ganó en la guerra. Se convirtió en el noveno presidente en 1841.

Los británicos ya habían comenzado un ataque contra Luisiana. Llevaron miles de soldados. Estos hombres ya tenían la experiencia de la guerra contra Francia. El 8 de enero de 1815, las tropas atacaron Nueva Orleans.

Al parecer, las fuerzas estadounidenses estaban en aprietos. Su líder, Andrew Jackson, tenía un ejército mucho más pequeño. Era un grupo de **milicia** dispar y desharrapado: indígenas choctaw, esclavos libertos y piratas. De alguna manera, este grupo sorprendió a todos. Los británicos tuvieron más de 2,000 hombres muertos o heridos. Los estadounidenses perdieron solo algunos.

# Buenos tiempos para EE. UU.

Los estadounidenses finalmente se enteraron sobre el Tratado de Gante en febrero de 1815. Estaban contentos de que la guerra hubiera terminado.

El tratado dejó las cosas como estaban cuando la guerra había comenzado. Todos los territorios fueron devueltos a los países de origen. Ninguna de las partes ganó ni perdió nada.

No se dijo nada sobre el hecho de que los británicos habían estado deteniendo los barcos estadounidenses. Además, el tratado no mencionó el reclutamiento forzoso de los marinos. Pero Gran Bretaña nunca volvió a intentar hacer estas cosas.

## Días tristes por venir

En cierto modo, la guerra de 1812 favoreció el camino hacia la guerra de Secesión. Abrió nuevos territorios para los colonos blancos en el Sur y el Oeste. Estos se convirtieron en nuevos estados esclavistas. El país quedó aún más equitativamente dividido entre estados esclavistas y libres. Ninguna de las partes podía dominar a la otra.

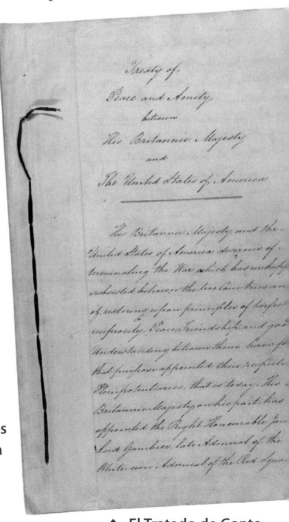

▲ El Tratado de Gante

Los siguientes años fueron un gran período para Estados Unidos. El pueblo estaba orgulloso de su desempeño en la guerra. Ya no tenían problemas de embarques sobre los cuales preocuparse. El comercio prosperó. Se construyeron hogares y negocios. Algunos llamaron a este período "la **Era** de los Buenos Sentimientos".

Los pueblos del mundo admiraban a Estados Unidos por haber hecho frente a Gran Bretaña. Veían al joven país de otro modo. Estados Unidos no ganó realmente la guerra de 1812. Pero sí se ganó el respeto de Gran Bretaña y del mundo. En ese sentido, realmente fue una segunda guerra de la Independencia.

## Los verdaderos perdedores

Los indígenas norteamericanos fueron quienes realmente perdieron esta guerra. Su gran líder, Tecumseh, fue asesinado. Los indígenas también perdieron muchas tierras. Ya no tenían la ayuda de los británicos en Canadá. Los indígenas no pudieron luchar contra el establecimiento de los colonos blancos en sus tierras.

◀ Esta imagen simboliza la paz entre las dos naciones después de la guerra de 1812.

# Glosario

**apoderaban**: tomaban rápidamente

**bloqueo**: usar barcos para impedir que un país navegue cualquiera de sus barcos dentro o fuera del puerto

**compromisario**: una persona que resuelve una disputa dando a cada lado una parte de lo que quiere

**democracia**: un gobierno dirigido por las personas

**desertado**: huido del ejército cuando aún debía seguir prestando servicio

**embajadores**: personas que representan oficialmente a su gobierno ante otros países

**embargo**: una orden gubernamental que prohíbe el comercio con otros países

**era**: un período de tiempo

**flota**: un grupo de buques de guerra que están bajo las órdenes del mismo comandante

**fragata**: un buque de guerra de tamaño mediano

**grito de guerra**: palabras que se usan para provocar e instar a las personas para hacer algo

**himno nacional**: una canción que afirma los sentimientos patrióticos de un país

**honorable**: que merece respeto

**incendiados**: que se les prendió fuego

**independencia**: valerse por sí mismo sin la ayuda de nadie

**lema**: palabras que expresan lo que cree o quiere un grupo

**mansión**: una casa grande

**milicia**: un ejército formado por personas comunes y corrientes que no reciben un pago por ser soldados

**nacionalismo**: pensar que las necesidades y costumbres del propio país son más importantes que las de cualquier otro país

**patrióticas**: que sienten amor por el país propio

**políticos**: personas que se postulan para un cargo en las elecciones

**reclutados por la fuerza**: forzados a unirse al ejército

**reelegido**: ganó un nuevo mandato en el cargo

**rendir**: renunciar

**territorio**: áreas de tierra controladas por un país, pero fuera de las fronteras del país

**tratado**: acuerdo entre países